BEI GRIN MACHT SICH IHR WISSEN BEZAHLT

- Wir veröffentlichen Ihre Hausarbeit,
  Bachelor- und Masterarbeit

- Ihr eigenes eBook und Buch -
  weltweit in allen wichtigen Shops

- Verdienen Sie an jedem Verkauf

Jetzt bei www.GRIN.com hochladen
und kostenlos publizieren

Mario zur Löwen

Katholiken in den USA

Katholiken zwischen konfessioneller und nationaler Identität

GRIN Verlag

Bibliografische Information der Deutschen Nationalbibliothek:

Die Deutsche Bibliothek verzeichnet diese Publikation in der Deutschen National-
bibliografie; detaillierte bibliografische Daten sind im Internet über http://dnb.d-
nb.de/ abrufbar.

Impressum:

Copyright © 2004 GRIN Verlag GmbH
Druck und Bindung: Books on Demand GmbH, Norderstedt Germany
ISBN: 978-3-656-07402-1

Dieses Buch bei GRIN:

http://www.grin.com/de/e-book/24195/katholiken-in-den-usa

Johann Wolfgang Goethe-Universität Frankfurt am Main
Fachbereich 07: Katholische Theologie
Kirchengeschichte
Seminar: Right or Wrong my country? Katholiken zwischen
konfessioneller und nationaler Identität.

Hausarbeit

Katholiken in den USA

Vorgelegt von:
Mario zur Löwen

Inhaltsverzeichnis

1. Einleitung

Das vorliegende Referat beschäftigt sich mit der Entwicklung des Katholizismus in den Vereinigten Staaten von Amerika.

Beginnen möchte ich mit dem Jahr der amerikanischen Unabhängigkeit 1776. Ich möchte einen Überblick über die ersten katholischen Entwicklungen geben, da der Katholizismus bereits von Beginn an eine Religion unter vielen verschiedenen war.

Danach möchte ich ausführlich auf den Schulstreit, auch Sprachkonflikt genannt, von 1890 zwischen irischen und deutschen Katholiken eingehen, da sich an diesem Beispiel die unterschiedlichen Auffassungen von liberalen und konservativen Gruppierungen sehr gut zeigen lässt. Auch die Rolle des Vatikans ist dabei angemessen zu berücksichtigen, da von Amerika auch Modernismusbewegungen in Europa ausgingen.

Desweiteren möchte ich einen Ausblick auf die weitere Entwicklung des Katholizismus bis in die 1980er Jahre geben.

2. Entwicklung der Katholiken Ende des 18. und im 19. Jahrhundert

Im Jahr der amerikanischen Unabhängigkeit 1776 lag die Zahl der katholischen Bevölkerung gerade einmal bei 1%.[1] Diese kamen meist aus Irland und Großbritannien und konzentrierten ihre Siedlungen auf die Bundesstaaten Maryland und Pennsylvania an der Ostküste sowie ein ganz kleiner Teil auf Florida. Einige Jesuitenpater, die ebenfalls mit in die Neue Welt ausgewandert waren, übernahmen die Seelsorge. 1789 wurde das erste katholische Bistum auf amerikanischem Boden gegründet und zwar in Baltimore/Maryland zwischen Philadelphia und Washington gelegen.[2] Dieses Bistum umfasste zunächst das gesamte Gebiet der USA, da die katholischen Siedler bis dahin auch noch nicht weiter in Richtung Westen vorgedrungen waren. In den folgenden Jahrzehnten kam eine erste größere Einwanderungswelle aus Europa in die Vereinigten Staaten , wiederum vor allem aus Irland, da dort eine große Hungersnot herrschte in deren Verlauf bis Mitte des 19. Jahrhunderts ca. die Hälfte der irischen Bevölkerung in die Vereinigten Staaten auswanderte, aber auch aus Frankreich wanderten viele Menschen ein. Die Franzosen begannen die Vorherrschaft in der amerikanischen katholischen Kirche zu gewinnen, was die Iren ablehnten. Die Iren forderten vielmehr, dass die Laien ein Mitbestimmungsrecht bei der Ernennung der Priester haben sollten, was zu ersten Spannungen innerhalb der Katholiken führte[3]. 1808 wurde Baltimore zum ersten Erzbischofsitz in den Vereinigten Staaten. Um 1850 stellten die Katholiken 1,6 Mio. Einwohner der USA, was 8% der gesamten amerikanischen Bevölkerung entsprach.[4] Geprägt war Amerika jedoch vom protestantischen Glauben, der jedoch in viele verschiedene Gruppen gegliedert war, die auch untereinander zum Teil unterschiedliche Glaubensauffassungen besaßen. So konnte die katholische Kirche Mitte des 19. Jahrhunderts die größte Einzelkirche in der USA sein[5] was zeigt, dass die katholischen Einwanderer zwar aus

[1] Fogarty, Vereinigte Staaten von Amerika, in: LThK, Bd.10, S. 620.
[2] Ebd. S. 620.
[3] Ebd. S. 620.
[4] Ebd. S. 620.
[5] Wills, David, Vereinigte Staten von Ameika, in: TRE, Bd. 34, S. 603.

unterschiedlichen Herkunftsländer kamen, sich jedoch zu dem gleichen Glauben bekannten. Verschiedene protestantische Gruppen beobachteten das ansteigen der katholischen Einwanderungen mit Sorge. Sie versuchten durch Gesetze und Beschränkungen Katholiken am Einwandern in die USA zu hindern bzw. kam es zu kleineren Kämpfen zwischen Protestanten und Katholiken. Einer dieser Höhepunkte war das Niederbrennen dreier katholischer Kirchen in Philadelphia im Jahr 1844 durch die radikale protestantische Gruppe *Nativists*[6], woraufhin die Katholiken ihre Kirchen mit Waffengewalt zu verteidigen versuchten. Die Einwanderungswelle von Katholiken wurde indes nicht weniger auch aus Deutschland kamen immer mehr Katholiken in die Vereinigten Staaten, da sich dort eine feindliche Stimmung gegen die katholische Kirche erhob, die im Kulturkampf in den 1870er Jahre ihren Höhepunkt erreichte. Diese ließen sich zum größten Teil im Mittleren Westen nieder und stellten dort auch die Vormachtstellung der irischen Katholiken offen in Frage.[7] Während des zuvor geführten amerikanischen Bürgerkrieges in den Jahren 1861-1865 spielte die Religion und die einzelnen Nationalitäten unter Katholiken keine Rolle. Die katholische Kirche äußerte sich während dieses Krieges nicht zur Behandlung der Sklaven (Sklavenfrage)[8]. Katholiken hielten sich auch nicht aus diesem Krieg heraus, sondern folgten vielmehr den Gesetzen ihres jeweiligen Bundesstaates, kämpften auch aktiv in diesem Krieg mit und hielten sich auch selbst Sklaven, die von ihnen auch nicht anders behandelt wurden als von Nichtkatholiken. Erst 1866 erließen die Bischöfe Bestimmungen zur Evangelisierung befreiter Sklaven und nahmen sich diesen an.[9] Ab der 1890er Jahren gab es nochmals eine größere Einwanderungswelle von Katholiken und zwar diesmal vor allem aus Gebieten Polens und anderen osteuropäischen Gebieten.[10]

---

[6] Fogarty, Vereinigte Staaten von Amerika in: LThK Bd. 10, S. 620.
[7] Wills, David, Vereinigte Staaten von Amerika in: TRE Bd. 34, S. 604.
[8] Fogarty, Vereinigte Staaten von Amerika in: LThK Bd. 10, S. 620.
[9] Ebd. S. 621.
[10] Ebd. S 621.

3. Die Schulfrage

Ich möchte nun im folgenden auf den sogenannten Sprachenkonflikt eingehen, der im Jahr 1890 zwischen irischen und deutschen Katholiken ausbrach und zeigen soll, dass sich die Katholiken untereinander in Fragen der Lehre, aber auch in Fragen zur Stellung des Staates verhalten sollten. Voranschieben muss ich, dass ich im Zuge der Einwanderungen aus Deutschland die Vormachtstellung der irischen Katholiken lockerte, da die Deutschen diese für sich beanspruchten, aber vom Katholizismus eine andere Vorstellung hatten, die ihre Gegensätze in dieser Zeit besonders deutlich zeigt. Einer dieser Höhepunkte dabei war die Schulfrage, die sich letztendlich zu einer Nationalitätenfrage steigerte.[11]

Im Jahr 1891 wurde im Bundesstaat Wisconsin bei einer Überprüfung von deutschen Schulen (sowohl katholische als auch lutherische Schulen) entdeckt, dass die amerikanische Amtssprache Englisch in diesen Schulen nur Nebenfach bzw. überhaupt nicht gelehrt wurde.[12] Dies stand jedoch klar im Gegensatz zur Gesetzeslage von Wisconsin die besagte, dass mindestens 16 Wochen im Jahr Englisch in allen Schulen gelehrt werden müsste. Die deutschen Bischöfe von Wisconsin Katzer und Heiss protestierten gegen dieses sogenannte „Bennet Gesetz" mit der Begründung, dass der Staat sich in Gesetze über Schulleistungen und den Schulbesuch nicht einzumischen habe.[13] Erzbischof Ireland (Bischof von St. Paul) hingegen verteidigte dieses Gesetz, weil er von seiner Notwendigkeit überzeugt war. Er begründete dies, dass die Deutschen kaum Schwierigkeiten hätten ihre Elementarschulen zu errichten, damit sie ihre Sprache erhalten können.[14] Ireland wollte erreichen, dass sich auch die deutschen Katholiken den amerikanischen Gegebenheiten anpassen würden und nicht mehr nur ihre eigenen Traditionen pflegen sollten. Die irischen Katholiken versuchten sich dem Staat anzupassen. Ireland schlug sogar vor, der Staat solle das Recht erhalten und Schulen errichten und die Religion der Mehrheit, auch wenn dies der Protestantismus sei,

---

[11] Berry, Geburtswehen einer Nation, S. 246.
[12] Ebd. S. 247.
[13] Ebd. S. 247.

solle in den Staatsschulen eingeführt werden und die Religion der Minderheit soll Konfessionsschulen bekommen, die die gleichen Mittel erhalten wie die Staatsschulen.[15] Er ging sogar so weit, dass der Religionsunterricht ausserhalb des normalen Stundenplanes unterrichtet werden sollte.[16] Diese Vorschläge wurden von deutscher Seite, aber auch von Rom abgelehnt, da die Staatsschulen schon seit längerer Zeit als gottlos angesehen wurden.[17] Ireland hatte damals schon sehr moderne Ansichten und wollte eine Verständigung mit dem amerikanischen Staat, die von seinen Gegnern abgelehnt wurde. Die deutsche Seite wollte den Religionsunterricht in den Schulen belassen. Sie konnten es auch nicht akzeptieren, dass es in den Vereinigten Staaten eine strikte Trennung von Kirche und Staat gab und die Religion in staatlichen Angelegenheiten keine große Rolle spielen durfte. Aus diesen Gegensätzen entstand der *Amerikanismus* in den Vereinigten Staaten. Die Iren um Erzbischof Gibbons und Bischof Ireland waren die Verfechter einer *liberalen* Fraktion, die diese modernen Ansichten vertraten und sich dem Staat annähern wollten und der *konservativen* Fraktion auf der anderen Seite gehörten vor allem die deutschen an, die nur von Rom abhängig sein wollten.

4. Was ist der Amerikanismus?

Der Begriff des Amerikanismus ist in der Forschung heute sehr umstritten und es gibt auch sehr unterschiedliche Definitionen. Ich möchte nun hier die Definition von Hermann Schwedt im Lexikon für Theologie und Kirche von 1993 wiedergeben:

Der Amerikanismus ist eine Reformbestrebung der amerikanischen Kirche an die bürgerliche Gesellschaft und Kultur. Die Demokratie soll gefördert werden. Staat und Religion sind vollständig voneinander zu trennen.[18]

Ahnherr des Amerikanismus war der Priester Isaac Thomas Hecker, der in New York geboren wurde, aber deutscher Herkunft war. Er war

---

[14] Ebd. S. 247.
[15] Ebd. S. 248.
[16] Ebd. S. 248.
[17] Ebd. S. 249.
[18] Vgl. Schwedt in LThK, Bd.1, S.20-21.

zuerst Protestant bevor er zum katholischen Glauben übertrat. Seiner Meinung nach muss der Priester die Wahrheit in einfachen Worten wiedergeben können[19]. Es zählen seiner Meinung nach keine Äusserlichkeiten in der Kirche wie z.b. prunkvolle Kirchen, pompöse Wallfahrten, sondern das innere Christentum sei entscheidend getragen von Überzeugung, sind die wichtigsten Dinge der Zukunft.[20] Hecker musste im Zuge dieser Diskussion seinen Orden der Redemptoristen verlassen und gründete die *Paulist Fathers,* die eine führende Rolle in der weiteren Entwicklung nehmen sollten.

5. Ziele der katholischen Amerikanisten (Liberale)

Die Amerikanisten traten in den Vereinigten Staaten für eine Modernisierung der Kirche ein. Wie ich schon an der Schulfrage gezeigt habe traten sie offen für eine strikte Trennung von Kirche und Staat gemäß der amerikanischen Verfassung ein und wollten ein gutes Klima zum Staat aufbauen. Sie traten desweiteren für die Pressefreiheit, Gewerbefreiheit und freie Religionsausübung aller Konfessionen ein.[21] Die Einwanderer sollten sehr schnell amerikanisiert werden und sich der amerikanischen Kultur anpassen, vor allem auch Englisch sprechen und nicht mehr zu sehr ihre Traditionen aus den Herkunftsländer pflegen. Gerade dies führte ja auch zum Schulstreit. Bekannteste Vertreter waren die schon erwähnten Bischöfe Ireland und Gibbons, aber auch andere Bischöfe vor allem aus englischsprachigen Herkunftsländer

6. Ziele der Ultramontanen (Konsevativen)

Den Liberalen gegenüber standen die Ultramontanen, die den Fortschritt in den Vereinigten Staaten ablehnten und eine Art Ghetto-Katholizismus bildeten.[22] Sie unterhielten ihre eigenen Schulen, Vereine und hielten ihre eigenen Veranstaltungen ab. Diese Veranstaltungen meist deutschsprachig, da die meisten konservativen Kräfte aus

---

[19] Schwedt, Alte Welt gegen Neue Welt in: Wolf, Antimodernismus und Modernismus in der katholischen Kirche, S. 150.
[20] Ebd. S. 150-151.
[21] Ebd. S. 151.
[22] Ebd. S. 156.

Deutschland kamen.[23] Sie warfen den Liberalen vor einen eigenen amerikanischen Katholizismus aufbauen zu wollen, deshalb anerkannten sie nur den Standpunkt von Rom und versuchten in Einklang mit der römisch-katholischen Lehre zu leben. Sie lehnten ebenfalls die Amerikanisierung der Einwanderer ab und wollten ihre eigenen Traditionen und Gebräuche auch in den USA weiter ausführen. Sie lehnten ebenfalls die strikte Trennung von Kirche und Staat ab und wollten im Gegenteil für die katholische Kirche eine Art Sonderstellung, man kann auch sagen Vormachtstellung in den Vereinigten Staaten erreichen. Bekannteste Vertreter der Ultramontanen waren der Theologieprofessor Joseph Schröder, der sehr eifrig darum bemüht war zu beweisen, dass sich Amerika zu sehr von Rom weg bewegte und der Zeitungsverleger Arthur Preuß, der sich in seinen Medien sehr für die Ultramontanen einsetzte.[24] Die Ultramontanen versuchten in Rom den Eindruck zu erwecken, dass sich der Amerikanismus zu einer Gefahr für die katholische Kirche auch in Europa entwickeln könnte.

7. Wie reagierte Rom auf den Amerikanismus?

Man kann sagen, dass der Vatikan vor allem auch Papst Leo XIII. sehr lange zögerte sich überhaupt zum Amerikanismus zu äußern. Meiner Ansicht nach tat sich der Papst sehr schwer mit dem Amerikanismus umzugehen. Vielleicht fehlte ihm der genaue Überblick über diese Angelegenheit, vielleicht war er auch nicht so richtig informiert. Sein Legat Sartolli, den er im Jahr 1892 in die USA schickte, um die zerstrittenen Bischöfe wieder in Eintracht zu bringen, war den Ansichten der liberalen Amerikanisten recht gut gesonnen. Papst Leo XIII. reagierte erst im Jahr 1899 mit einem Schreiben an Bischof Gibbons auf den Amerikanismus. Dieses Schreiben hatte den Titel „*Testem benevolentiae*". Es ist keine Enzyklika sondern hat eher die Form eines Briefes. In diesem Schreiben weisst er folgende Meinungen zurück:[25]

1. Die Kirche solle wegen des fortgeschrittenen Zeitalters ihre alte Strenge lockern und neuere Ansichten übernehmen.

---

[23] Ebd. S.156.
[24] Ebd. S. 157.
[25] Ebd. S. 148.

2. *Die katholische Kirche solle bestimmte kirchliche Lehren, da sie nicht so wichtig seien abmildern bzw. ganz übergehen.*

3. *Auch innerhalb der Kirche solle Freiheit eingeführt werden auf Kosten der Hirachie.*

4. *Die Kirche solle nicht nur die passiven Tugenden lehren, gemeint sind hiermit Demut, Gehorsam, Unterordnung und Willfährigkeit gegenüber Kirchenoberen und Gottesgesetz, sondern auch die aktiven Tugenden mit denen* Initiative, Mut, Einfallsreichtum und die *in die Zukunft gerichteten Tugenden der Zuversicht gemeint sind.*

5. *Die Kirchenzucht trage nicht zum christlichen Fortschritt und zum Wohl der menschlichen Gesellschaft bei.*

Interessant ist, dass sich auch der Nachfolger von Leo XIII., Pius X. in seiner Exhortatio *Haerent animo* zum Amerikanismus äußerte und die Positionen seines Vorgängers wiederholte.[26] Das testem benevolentiae bewirkte bei den Liberalen eine Enttäuschung über die Meinung des Papstes. Dadurch nämlich, dass sich der Papst so lange nicht zu Wort gemeldet hatte und sein päpstlicher Legat sich positiv dazu geäußert hatte, hatten sie gehofft, dass der Papst ihnen mehr Unterstützung zugebilligt hätte. Ich denke, dass es auch in Europa Modernismusbewegungen gab, die ihren Beginn in den Vereinigten Staaten nahmen und das der Papst die alte kirchliche Haltung beibehalten musste und sich deshalb eher der konservativen Seite anschloss.

8. Der Forschungsstand zum Amerikanismus

Schwedt gibt im wesentlichen drei Einschätzungen über den katholischen Amerikanismus wieder, die in etwa auch die Forschungsstände wiedergeben.[27]

1. Der Amerikanismus sei eine nicht nur gedachte, sondern tatsächlich existierende Lehre, die zerstörerisch auf die Kirche wirken könnte. Diese Meinung wurde vor allem vom Papst und den konservativen

---

[26] Ebd. S. 149.
[27] Ebd. S. 144.

Katholiken vertreten, wie dem uns schon bekannten Joseph Schröder.

2. Der Amerikanismus sei ein gedachtes römisches Phantom, das es so nicht gegeben hat. Sie steht im Gegensatz zur ersten Einschätzung und wurde bis zur Zeit des II. Vatikanums (1962 – 1965) von amerikanischen Historikern und Reformkatholiken vertreten.

3. Seit etwa 30 Jahren gibt es eine dritte Einschätzung, die eine Neueinschätzung des Amerikanismus aufzeigt: Der Papst und der Vatikan haben bestimmte Institutionen und Personen bekämpft nicht irgendwelche Phantome was zeigen würde, dass der Antiamerikanismus des Papstes eine Bekämpfung von konservativen und liberalen Katholiken war. Daher kam auch die Einteilung in Liberale und Konservative.

Zum Abschluss kann man meines Erachtens sagen, dass der Amerikanismus auch heute noch ein sehr umstrittener Begriff ist. Die meisten Wissenschaftler sehen in ihm ein Begriff, der die Modernismusbewegungen im 19. Jahrhundert kennzeichnet, mit denen sich die Kirche sehr schwergetan hat. Er wird in der heutigen Zeit vielleicht auch als zu negativ angesehen.

9. Ausblick auf die weitere Entwicklung des Katholizismus in den Vereinigten Staaten bis zum II. Vatikanum

Die Beziehungen zwischen der katholischen Kirche und den Protestanten war auch Anfang des 20. Jahrhunderts nicht das besonders gut. Erst ab Beginn der 1920er Jahre bekam die katholische Kirche eine bessere Stellung in der amerikanischen Gesellschaft.[28] Man hatte die Einwanderungszahlen begrenzt, da immer mehr Menschen aus Europa in die Vereinigten Staaten einwandern wollten und dort auf ein besseres Leben hofften, bedingt durch den Ersten Weltkrieg und da die USA auch immer mehr Reichtum und Einfluss in der Welt bekam und dementsprechend auch Arbeitskräfte gebraucht wurden. Katholiken erarbeiteten sich einen Zugang zur Mittelschicht und besonders nach

---

[28] Wills, David, Vereinigte Staaten von Amerika in: TRE, Bd.34, S. 620.

dem Zweiten Weltkrieg auch in die höheren Bildungsschichten, da alle Kriegsveteranen ein kostenloses Hochschulstudium vom Staat finanziert bekamen.[29] In den 30er Jahren kam es zwischen dem Vatikan und den Vereinigten Staaten zu Spannungen wegen der Unterstützung der Katholiken für die Religionsfreiheit.[30] Es gab noch keine offiziellen diplomatischen Beziehungen zwischen Rom und den USA, aber Präsident Roosevelt entsandte einen persönlichen Berater zum Vatikan, der aber keine offiziellen diplomatischen Beziehungen eingehen konnte. Selbst dieser Schritt war in den USA noch umstritten, da der Senat diesem Handeln von Roosevelt und danach von Truman nicht nachgab.[31] Man wollte zwar die Katholiken richtig integrieren, aber mit dem Vatikan möglichst wenig zu tun haben. Auch der Vatikan entsandte keine direkten Vertreter nach Washington, sondern verhandelte lieber mit den eingesetzten Bischöfen etwas zurückhaltender. Gerade in den Regierungsgremien gab es Anfang der 40er Jahre wieder einen etwas stärkeren Antikatholizismus, der erst durch eine gemeinsame Annäherung von den Vereinigten Staaten und dem Vatikan gegen den Kommunismus richtig beigelegt wurde. Die Amerikaner hatten nämlich insgeheim Angst vor dem Kommunismus. Besonders hervor tat sich in dieser Zeit der katholische Senator John McCarty. Obwohl McCarty, der die Angst vor dem Kommunismus in besonderem Maße schürte bald abgelöst wurde, zeigte sich bei den Amerikanern die Unvereinbarkeit von Katholizismus und Kommunismus.[32] Diese Feststellung brachte der katholischen Kirche hohe Anerkennung innerhalb der amerikanischen Gesellschaft. Der Vatikan konnte sich jedoch nicht damit abfinden, dass die katholische Kirche in Amerika nur eine Kirche unter vielen war und keine Sonder- oder gar Vormachtstellung besaß. Der Vatikan stellte einen Vorschlag vor, wonach die Katholiken in Ländern in denen sie die Mehrheit besaß mit dem Staat verbunden sein müsse und in Ländern in denen sie die Minderheit seien ein Recht auf offizielle Duldung hätte.[33] Die strikte

---

[29] Ebd. S.621
[30] Ebd. S. 622
[31] Fogarty, Vereinigte Staaten von Amerika in: Gatz (Hrsg.) Kirche und Katholizismus seit 1945, S. 91.
[32] Ebd. S. 94.
[33] Ebd. S. 94-95.

Trennung, die ja schon lange ein großes Problem für den Vatikan war wurde noch immer nicht so ganz akzeptiert.

Heute hat die katholische Kirche eine breite Zustimmung in der Bevölkerung.

10. Literaturverzeichnis

Barry, Colman James, Geburtswehen einer Nation. Peter Paul Cahensly und die Einbürgerung der katholischen deutschen Auswanderer in Kirche und Nation der Vereinigten Staaten von Amerika, Recklinghausen 1971.

Fogarty, Gerald P., Vereinigte Staaten von Amerika, in: Kasper, Walter (Hrsg), LThK, Bd. 10, Freiburg ³1993, S. 619-639.

Fogarty, Gerald, Vereinigte Staaten von Amerika, in: Gatz, Erwin (Hrsg.), Kirche und Katholizismus seit 1945 Bd.4. Die britischen Inseln und Nordamerika, Paderborn; München; Wien; Zürich, 2002, S. 89-143.

Schwedt, Herman H., Alte Welt gegen Neue Welt. Der Papst und der katholische Amerikanismus (1899), in: Wolf, Hubert (Hrsg.), Antimodernismus und Modernismus in der katholischen Kirche. Beiträge zum theologiegeschichtlichen Vorfeld des II. Vatikanums, Bd.2, Paderborn; München; Wien; Zürich, 1998, S. 143-162.

Schwedt, Herman H., Amerikanismus, in: Kasper, Walter (Hrsg.), LThk, Bd.1, Freiburg ³1993, S.526-527.

Wills, David W., Vereinigte Staaten von Amerika, in: Müller, Gerhard (Hrsg.), TRE, Bd. 34, Berlin; New York, 2002, S. 593-639.